AF190132

Vorwort

Hübsche Geschenke aus dem Thermomix. Da lacht das Herz! Nichts ist persönlicher, als etwas selbst Hergestelltes zu verschenken. Liebevoll verpackt und schon hat man ein individuelles Geschenk.
Mit dem Thermomix TM5 geht alles ganz schnell.
Viel Freude mit beim Nachzaubern.

Inhaltsangabe

Spekulatius Kuchen im Glas

Zutaten
5 Eier
200 g Zucker
1 Pck. Vanillezucker
250 g Öl
250 g Sahne
250 g Mehl
1 TL Spekulatiusgewürz
½ TL Zimt
1 Pck. Backpulver

12 Gläser für jeweils 240 ml Inhalt
etwas Butter und Semmelbrösel für die Gläser

Zubereitung
Alle Zutaten in den Mixtopf geben. Auf Stufe 5/ 1 Minute rühren. Den Teig nach unten schieben und nochmals 30 Sekunden auf Stufe 5 rühren. Die Gläser mit Butter gut einfetten und mit Semmelbrösel einstreuen. Nun die Gläser zur Hälfte mit Teig befüllen und auf das Backblech stellen. Bei 180 Grad Ober und Unterhitze ca. 30 Minuten backen. Danach die Gläser sofort verschließen.

Kokos Kuchen im Glas

Zutaten
5 Eier
200 g Zucker
1 Pck. Vanillezucker
250 g Öl
250 g Sahne
250 g Mehl
100 g Kokosraspeln
½ TL Zimt
1 Pck. Backpulver

12 Gläser für jeweils 240 ml Inhalt
etwas Butter und Semmelbrösel für die Gläser

Zubereitung
Alle Zutaten in den Mixtopf geben. Auf Stufe 5/ 1 Minute rühren. Den Teig nach unten schieben und nochmals 30 Sekunden auf Stufe 5 rühren. Die Gläser mit Butter gut einfetten und mit Semmelbrösel einstreuen. Nun die Gläser zur Hälfte mit Teig befüllen und auf das Backblech stellen. Bei 180 Grad Ober und Unterhitze ca. 30 Minuten backen. Danach die Gläser sofort verschließen. Nach Belieben dekorieren und verschenken.

Aprikosen Traum im Glas

Zutaten
5 Eier
200 g Zucker
1 Pck. Vanillezucker
250 g Öl
250 g Sahne
250 g Mehl
100 g Aprikosen, getrocknet
50 g Mandelsplitter
1 Pck. Backpulver

12 Gläser für jeweils 240 ml Inhalt
etwas Butter und Semmelbrösel für die Gläser

Zubereitung
Alle Zutaten in den Mixtopf geben. Auf Stufe 5/ 1 Minute rühren. Den Teig nach unten schieben und nochmals 30 Sekunden auf Stufe 5 rühren. Die Gläser mit Butter gut einfetten und mit Semmelbrösel einstreuen. Nun die Gläser zur Hälfte mit Teig befüllen und auf das Backblech stellen. Bei 180 Grad Ober und Unterhitze ca. 30 Minuten backen. Danach die Gläser sofort verschließen.

Stracciatella Kuchen im Glas

Zutaten
5 Eier
200 g Zucker
2 Pck. Vanillezucker
250 g Öl
250 g Sahne
250 g Mehl
150 g Schokotropfen
1 Pck. Backpulver

12 Gläser für jeweils 240 ml Inhalt
etwas Butter und Semmelbrösel für die Gläser

Schokoladen Kuvertüre

Zubereitung
Alle Zutaten in den Mixtopf geben. Auf Stufe 5/ 1 Minute rühren. Den Teig nach unten schieben und nochmals 30 Sekunden auf Stufe 5 rühren. Die Gläser mit Butter gut einfetten und mit Semmelbrösel einstreuen. Nun die Gläser zur Hälfte mit Teig befüllen und auf das Backblech stellen. Bei 180 Grad Ober und Unterhitze ca. 30 Minuten backen. Kuvertüre nach Packungsanweisung schmelzen und den Kuchen damit verzieren. Danach die Gläser sofort verschließen.

Glühwein Kuchen im Glas

Zutaten
5 Eier
200 g Zucker
1 Pck. Vanillezucker
250 g Öl
100 g Sahne
150 g Glühwein
1 TL Orangenschale
1 TL Zitronenschale
250 g Mehl
1 TL Glühweingewürz
½ TL Zimt
1 Pck. Backpulver

12 Gläser für jeweils 240 ml Inhalt
etwas Butter und Semmelbrösel für die Gläser

Zubereitung
Alle Zutaten in den Mixtopf geben. Auf Stufe 5/ 1 Minute rühren. Den Teig nach unten schieben und nochmals 30 Sekunden auf Stufe 5 rühren. Die Gläser mit Butter gut einfetten und mit Semmelbrösel einstreuen. Nun die Gläser zur Hälfte mit Teig befüllen und auf das Backblech stellen. Bei 180 Grad Ober und Unterhitze ca. 30 Minuten backen. Danach die Gläser sofort verschließen. Eignet sich als hübsches Geschenk für Weihnachten.

Heidelbeere Vanille Kuchen im Glas

Zutaten
5 Eier
200 g Zucker
2 Pck. Vanillezucker
250 g Öl
250 g Sahne
250 g Mehl
100 g Heidelbeeren
1 Pck. Backpulver

12 Gläser für jeweils 240 ml Inhalt
etwas Butter und Semmelbrösel für die Gläser

Zubereitung

Alle Zutaten in den Mixtopf geben. Auf Stufe 5/ 1 Minute rühren. Den Teig nach unten schieben und nochmals 30 Sekunden auf Stufe 5 rühren. Die Gläser mit Butter gut einfetten und mit Semmelbrösel einstreuen. Nun die Gläser zur Hälfte mit Teig befüllen und auf das Backblech stellen. Bei 180 Grad Ober und Unterhitze ca. 30 Minuten backen. Danach die Gläser sofort verschließen.

Erdbeere Balsamico Kuchen im Glas

Zutaten
5 Eier
200 g Zucker
1 Pck. Vanillezucker
250 g Öl
200 g Sahne
30 g Balsamico Essig
1 Prise Pfeffer
250 g Mehl
100 g Erdbeeren
1 Pck. Backpulver

12 Gläser für jeweils 240 ml Inhalt
etwas Butter und Semmelbrösel für die Gläser

Zubereitung
Alle Zutaten in den Mixtopf geben. Auf Stufe 5/ 1 Minute rühren. Den Teig nach unten schieben und nochmals 30 Sekunden auf Stufe 5 rühren. Die Gläser mit Butter gut einfetten und mit Semmelbrösel einstreuen. Nun die Gläser zur Hälfte mit Teig befüllen und auf das Backblech stellen. Bei 180 Grad Ober und Unterhitze ca. 30 Minuten backen. Danach die Gläser sofort verschließen.

Brauner Zucker Bananen Kuchen im Glas

Zutaten
5 Eier
200 g brauner Zucker
1 Pck. Vanillezucker
250 g Öl
250 g Sahne
250 g Mehl
2 Bananen in Stücken
50 g Honig
40 g Erdnüsse
1 Pck. Backpulver

12 Gläser für jeweils 240 ml Inhalt
etwas Butter und Semmelbrösel für die Gläser

Zubereitung
Alle Zutaten in den Mixtopf geben. Auf Stufe 5/ 1 Minute rühren. Den Teig nach unten schieben und nochmals 30 Sekunden auf Stufe 5 rühren. Die Gläser mit Butter gut einfetten und mit Semmelbrösel einstreuen. Nun die Gläser zur Hälfte mit Teig befüllen und auf das Backblech stellen. Bei 180 Grad Ober und Unterhitze ca. 30 Minuten backen. Danach die Gläser sofort verschließen.

Weißwein Rosinen Kuchen im Glas

Zutaten
5 Eier
200 g Zucker
1 Pck. Vanillezucker
250 g Öl
150 g Sahne
100 g Weißwein
1 TL Essig
70 g Rosinen
100 g Mandeln, gemahlen
250 g Mehl
1 TL Spekulatiusgewürz
1 Pck. Backpulver

12 Gläser für jeweils 240 ml Inhalt
etwas Butter und Semmelbrösel für die Gläser

Zubereitung
Alle Zutaten in den Mixtopf geben. Auf Stufe 5/ 1 Minute rühren. Den Teig nach unten schieben und nochmals 30 Sekunden auf Stufe 5 rühren. Die Gläser mit Butter gut einfetten und mit Semmelbrösel einstreuen. Nun die Gläser zur Hälfte mit Teig befüllen und auf das Backblech stellen. Bei 180 Grad Ober und Unterhitze ca. 30 Minuten backen. Danach die Gläser sofort verschließen.

Schokoladen Orangen Kuchen im Glas

Zutaten
5 Eier
200 g Zucker
1 Pck. Vanillezucker
250 g Öl
250 g Sahne
250 g Mehl
50 g Kakao
1 TL Orangenschale
100 g Orangefilets, in Stücken
100 g Haselnüsse, gemahlen
1 Pck. Backpulver

12 Gläser für jeweils 240 ml Inhalt
etwas Butter und Semmelbrösel für die Gläser

Zubereitung
Alle Zutaten in den Mixtopf geben. Auf Stufe 5/ 1 Minute rühren. Den Teig nach unten schieben und nochmals 30 Sekunden auf Stufe 5 rühren. Die Gläser mit Butter gut einfetten und mit Semmelbrösel einstreuen. Nun die Gläser zur Hälfte mit Teig befüllen und auf das Backblech stellen. Bei 180 Grad Ober und Unterhitze ca. 30 Minuten backen. Danach die Gläser sofort verschließen.

Schwarzer Tee Milch Kuchen im Glas

Zutaten
5 Eier
200 g Zucker
1 Pck. Vanillezucker
250 g Öl
150 g Kondensmilch, 10 % Fett
100 g Schwarzer Tee
100 g Kandis braun, zerstoßen
50 g Mandeln, gehackt
30 g Schwarze Teeblätter, getrocknet
250 g Mehl

1 Pck. Backpulver

12 Gläser für jeweils 240 ml Inhalt
etwas Butter und Semmelbrösel für die Gläser

Zubereitung
Alle Zutaten in den Mixtopf geben. Auf Stufe 5/ 1 Minute rühren. Den Teig nach unten schieben und nochmals 30 Sekunden auf Stufe 5 rühren. Die Gläser mit Butter gut einfetten und mit Semmelbrösel einstreuen. Nun die Gläser zur Hälfte mit Teig befüllen und auf das Backblech stellen. Bei 180 Grad Ober und Unterhitze ca. 30 Minuten backen. Danach die Gläser sofort verschließen.

Pistazien Kuchen im Glas

Zutaten
5 Eier
200 g Zucker
1 Pck. Vanillezucker
250 g Öl
150 g Sahne
100 g Amaretto
150 g Pistazien, gehackt
250 g Mehl
1 Pck. Backpulver

12 Gläser für jeweils 240 ml Inhalt
etwas Butter und Semmelbrösel für die Gläser

Zubereitung
Alle Zutaten in den Mixtopf geben. Auf Stufe 5/ 1 Minute rühren. Den Teig nach unten schieben und nochmals 30 Sekunden auf Stufe 5 rühren. Die Gläser mit Butter gut einfetten und mit Semmelbrösel einstreuen. Nun die Gläser zur Hälfte mit Teig befüllen und auf das Backblech stellen. Bei 180 Grad Ober und Unterhitze ca. 30 Minuten backen. Danach die Gläser sofort verschließen. Der Kuchen ist ca. 3 Monate haltbar.

Maronen Kuchen im Glas

Zutaten
5 Eier
200 g Zucker
1 Pck. Vanillezucker
250 g Öl
250 g Sahne
250 g Mehl
100 g Maronen, gekocht
½ TL Zimt
1 Pck. Backpulver

12 Gläser für jeweils 240 ml Inhalt
etwas Butter und Semmelbrösel für die Gläser

Zubereitung
Alle Zutaten in den Mixtopf geben. Auf Stufe 5/ 1 Minute rühren. Den Teig nach unten schieben und nochmals 30 Sekunden auf Stufe 5 rühren. Die Gläser mit Butter gut einfetten und mit Semmelbrösel einstreuen. Nun die Gläser zur Hälfte mit Teig befüllen und auf das Backblech stellen. Bei 180 Grad Ober und Unterhitze ca. 30 Minuten backen. Danach die Gläser sofort verschließen.

Marmor Kuchen im Glas

Zutaten
5 Eier
200 g Zucker
1 Pck. Vanillezucker
250 g Öl
250 g Sahne
250 g Mehl
50 g Kakao
1 Pck. Backpulver

12 Gläser für jeweils 240 ml Inhalt
etwas Butter und Semmelbrösel für die Gläser

Zubereitung
Alle Zutaten außer den Kakao in den Mixtopf geben. Auf Stufe 5/ 1 Minute rühren. Den Teig nach unten schieben und nochmals 30 Sekunden auf Stufe 5 rühren. Die Gläser mit Butter gut einfetten und mit Semmelbrösel einstreuen. Die Hälfte des Teiges in die Gläser geben. In die andere Hälfte das Kakaopulver geben und 30 Sekunden/ Stufe 5 rühren. Den Kakaoteig ebenfalls in die Gläser geben und mit einer Gabel Marmormuster ziehen. Die Gläser auf das Backblech stellen. Bei 180 Grad Ober und Unterhitze ca. 30 Minuten backen. Danach die Gläser sofort verschließen.

Zitronen Pfeffer Kuchen im Glas

Zutaten
5 Eier
200 g Zucker
1 Pck. Vanillezucker
250 g Öl
150 g Sahne
100 g Zitronensaft
1 Prise Ingwer, gemahlen
250 g Mehl
1 TL Zitronenschale
½ TL Pfeffer, weiß
1 Pck. Backpulver

12 Gläser für jeweils 240 ml Inhalt
etwas Butter und Semmelbrösel für die Gläser

Zubereitung
Alle Zutaten in den Mixtopf geben. Auf Stufe 5/ 1 Minute rühren. Den Teig nach unten schieben und nochmals 30 Sekunden auf Stufe 5 rühren. Die Gläser mit Butter gut einfetten und mit Semmelbrösel einstreuen. Nun die Gläser zur Hälfte mit Teig befüllen und auf das Backblech stellen. Bei 180 Grad Ober und Unterhitze ca. 30 Minuten backen. Danach die Gläser sofort verschließen.

Ananas Kokos Kuchen im Glas

Zutaten
5 Eier
200 g Zucker
1 Pck. Vanillezucker
250 g Öl
200 g Sahne
50 g Rum
250 g Mehl
100 g Ananas, gewürfelt
100 g Kokosraspeln
1 Pck. Backpulver

12 Gläser für jeweils 240 ml Inhalt
etwas Butter und Semmelbrösel für die Gläser

Zubereitung
Alle Zutaten in den Mixtopf geben. Auf Stufe 5/ 1 Minute rühren. Den Teig nach unten schieben und nochmals 30 Sekunden auf Stufe 5 rühren. Die Gläser mit Butter gut einfetten und mit Semmelbrösel einstreuen. Nun die Gläser zur Hälfte mit Teig befüllen und auf das Backblech stellen. Bei 180 Grad Ober und Unterhitze ca. 30 Minuten backen. Danach die Gläser sofort verschließen.

Marzipan Kuchen im Glas

Zutaten
5 Eier
200 g Zucker
1 Pck. Vanillezucker
250 g Öl
250 g Sahne
250 g Mehl
200 g Marzipan Rohmasse
1 Fläschchen Bittermandelöl
1 Pck. Backpulver

12 Gläser für jeweils 240 ml Inhalt
etwas Butter und Semmelbrösel für die Gläser

Zubereitung
Alle Zutaten in den Mixtopf geben. Auf Stufe 5/ 1 Minute rühren. Den Teig nach unten schieben und nochmals 30 Sekunden auf Stufe 5 rühren. Die Gläser mit Butter gut einfetten und mit Semmelbrösel einstreuen. Nun die Gläser zur Hälfte mit Teig befüllen und auf das Backblech stellen. Bei 180 Grad Ober und Unterhitze ca. 30 Minuten backen. Danach die Gläser sofort verschließen.

Orangen Ingwer Kuchen im Glas

Zutaten
5 Eier
200 g Zucker
1 Pck. Vanillezucker
250 g Öl
250 g Sahne
250 g Mehl
100 g Orangenmarmelade
1 TL Ingwer, gemahlen
1 TL Orangenschale, gemahlen
50 g Honig
1 Pck. Backpulver

12 Gläser für jeweils 240 ml Inhalt
etwas Butter und Semmelbrösel für die Gläser

Zubereitung
Alle Zutaten in den Mixtopf geben. Auf Stufe 5/ 1 Minute rühren. Den Teig nach unten schieben und nochmals 30 Sekunden auf Stufe 5 rühren. Die Gläser mit Butter gut einfetten und mit Semmelbrösel einstreuen. Nun die Gläser zur Hälfte mit Teig befüllen und auf das Backblech stellen. Bei 180 Grad Ober und Unterhitze ca. 30 Minuten backen. Danach die Gläser sofort verschließen.

Kandis Gewürz Kuchen im Glas

Zutaten
5 Eier
150 g Zucker
100 g Kandis braun, zerstoßen
1 Pck. Vanillezucker
50 g Honig
50 g Kakao
250 g Öl
250 g Sahne
250 g Mehl
1 TL Honigkuchengewürz
1 Prise Muskat
½ TL Zimt
1 Pck. Backpulver

12 Gläser für jeweils 240 ml Inhalt
etwas Butter und Semmelbrösel für die Gläser

Zubereitung
Alle Zutaten in den Mixtopf geben. Auf Stufe 5/ 1 Minute rühren. Den Teig nach unten schieben und nochmals 30 Sekunden auf Stufe 5 rühren. Die Gläser mit Butter gut einfetten und mit Semmelbrösel einstreuen. Nun die Gläser zur Hälfte mit Teig befüllen und auf das Backblech stellen. Bei 180 Grad Ober und Unterhitze ca. 30 Minuten backen. Danach die Gläser sofort verschließen.

Kirschkuchen im Glas

Zutaten
5 Eier
200 g Zucker
1 Pck. Vanillezucker
250 g Öl
250 g Sahne
250 g Mehl
100 g Kirschen
50 g Kirschwasser
100 g gemahlene Mandeln
100 g Schokoraspeln
½ TL Zimt
1 Pck. Backpulver

12 Gläser für jeweils 240 ml Inhalt
etwas Butter und Semmelbrösel für die Gläser

Zubereitung
Alle Zutaten in den Mixtopf geben. Auf Stufe 5/ 1 Minute rühren. Den Teig nach unten schieben und nochmals 30 Sekunden auf Stufe 5 rühren. Die Gläser mit Butter gut einfetten und mit Semmelbrösel einstreuen. Nun die Gläser zur Hälfte mit Teig befüllen und auf das Backblech stellen. Bei 180 Grad Ober und Unterhitze ca. 30 Minuten backen. Danach die Gläser sofort verschließen.

Vanille Kuchen im Glas

Zutaten
5 Eier
200 g Zucker
1 Pck. Vanillezucker
250 g Öl
250 g Sahne
250 g Mehl
1 Pck. Backpulver
Mark einer Vanilleschote

12 Gläser für jeweils 240 ml Inhalt
etwas Butter und Semmelbrösel für die Gläser

Zubereitung
Alle Zutaten in den Mixtopf geben. Auf Stufe 5/ 1 Minute rühren. Den Teig nach unten schieben und nochmals 30 Sekunden auf Stufe 5 rühren. Die Gläser mit Butter gut einfetten und mit Semmelbrösel einstreuen. Nun die Gläser zur Hälfte mit Teig befüllen und auf das Backblech stellen. Bei 180 Grad Ober und Unterhitze ca. 30 Minuten backen. Danach die Gläser sofort verschließen.

Hagebutten Kuchen im Glas

Zutaten
5 Eier
200 g Zucker
1 Pck. Vanillezucker
250 g Öl
150 g Sahne
100 g Hagebuttentee
250 g Mehl
100 g Hagebutten Marmelade
½ TL Zimt
1 Pck. Backpulver

12 Gläser für jeweils 240 ml Inhalt
etwas Butter und Semmelbrösel für die Gläser

Zubereitung
Alle Zutaten in den Mixtopf geben. Auf Stufe 5/ 1 Minute rühren. Den Teig nach unten schieben und nochmals 30 Sekunden auf Stufe 5 rühren. Die Gläser mit Butter gut einfetten und mit Semmelbrösel einstreuen. Nun die Gläser zur Hälfte mit Teig befüllen und auf das Backblech stellen. Bei 180 Grad Ober und Unterhitze ca. 30 Minuten backen. Danach die Gläser sofort verschließen.

Marzipan Orangen Kuchen im Glas

Zutaten
5 Eier
200 g Zucker
1 Pck. Vanillezucker
250 g Öl
250 g Sahne
250 g Mehl
100 g Marzipanrohmasse
100 g Orangenmarmelade
1 TL Zitronenschale
½ TL Zimt
1 Prise Muskat
1 Prise Pfeffer
1 Pck. Backpulver

12 Gläser für jeweils 240 ml Inhalt
etwas Butter und Semmelbrösel für die Gläser

Zubereitung
Alle Zutaten in den Mixtopf geben. Auf Stufe 5/ 1 Minute rühren. Den Teig nach unten schieben und nochmals 30 Sekunden auf Stufe 5 rühren. Die Gläser mit Butter gut einfetten und mit Semmelbrösel einstreuen. Nun die Gläser zur Hälfte mit Teig befüllen und auf das Backblech stellen. Bei 180 Grad Ober und Unterhitze ca. 30 Minuten backen. Danach die Gläser sofort verschließen.

Sonnenblumenkern Honig Kuchen im Glas

Zutaten
5 Eier
200 g Zucker
1 Pck. Vanillezucker
250 g Öl
250 g Sahne
200 g Mehl
50 g Haferflocken, zart
50 g Honig
100 g Sonnenblumenkerne
50 g Sesam
1 Pck. Backpulver

12 Gläser für jeweils 240 ml Inhalt
etwas Butter und Semmelbrösel für die Gläser

Zubereitung
Alle Zutaten in den Mixtopf geben. Auf Stufe 5/ 1 Minute rühren. Den Teig nach unten schieben und nochmals 30 Sekunden auf Stufe 5 rühren. Die Gläser mit Butter gut einfetten und mit Semmelbrösel einstreuen. Nun die Gläser zur Hälfte mit Teig befüllen und auf das Backblech stellen. Bei 180 Grad Ober und Unterhitze ca. 30 Minuten backen. Danach die Gläser sofort verschließen.

Erdnuss Cashew Kuchen im Glas

Zutaten
5 Eier
200 g Zucker
1 Pck. Vanillezucker
250 g Öl
150 g Sahne
100 g Erdnussbutter
120 g Cashew Kerne
250 g Mehl
1 TL Spekulatiusgewürz
½ TL Zimt
1 Pck. Backpulver

12 Gläser für jeweils 240 ml Inhalt
etwas Butter und Semmelbrösel für die
Gläser

Zubereitung
Alle Zutaten in den Mixtopf geben. Auf Stufe 5/ 1 Minute rühren. Den Teig nach unten schieben und nochmals 30 Sekunden auf Stufe 5 rühren. Die Gläser mit Butter gut einfetten und mit Semmelbrösel einstreuen. Nun die Gläser zur Hälfte mit Teig befüllen und auf das Backblech stellen. Bei 180 Grad Ober und Unterhitze ca. 30 Minuten backen. Danach die Gläser sofort verschließen.

Schokoladen Salmiak Kuchen im Glas

Zutaten
5 Eier
200 g Zucker
1 Pck. Vanillezucker
250 g Öl
250 g Sahne
250 g Mehl
50 g Kakao
100 g Salmiakpastillen
100 g Schokolade, geraspelt
1 Pck. Backpulver

12 Gläser für jeweils 240 ml Inhalt
etwas Butter und Semmelbrösel für die Gläser

Zubereitung
Alle Zutaten in den Mixtopf geben. Auf Stufe 5/ 1 Minute rühren. Den Teig nach unten schieben und nochmals 30 Sekunden auf Stufe 5 rühren. Die Gläser mit Butter gut einfetten und mit Semmelbrösel einstreuen. Nun die Gläser zur Hälfte mit Teig befüllen und auf das Backblech stellen. Bei 180 Grad Ober und Unterhitze ca. 30 Minuten backen. Danach die Gläser sofort verschließen.

Milchmädchen Kuchen im Glas

Zutaten
5 Eier
200 g Zucker
1 Pck. Vanillezucker
250 g Öl
200 g Milchmädchen
100 g Milch
250 g Mehl
1 Pck. Backpulver

12 Gläser für jeweils 240 ml Inhalt
etwas Butter und Semmelbrösel für die Gläser

Zubereitung

Alle Zutaten in den Mixtopf geben. Auf Stufe 5/ 1 Minute rühren. Den Teig nach unten schieben und nochmals 30 Sekunden auf Stufe 5 rühren. Die Gläser mit Butter gut einfetten und mit Semmelbrösel einstreuen. Nun die Gläser zur Hälfte mit Teig befüllen und auf das Backblech stellen. Bei 180 Grad Ober und Unterhitze ca. 30 Minuten backen. Danach die Gläser sofort verschließen. Hübsch verpacken und eventuell verschenken.

Karamell Kuchen im Glas

Zutaten
5 Eier
200 g Zucker
1 Pck. Vanillezucker
250 g Öl
250 g Sahne
250 g Mehl
100 g weiche Karamellbonbons
1 Pck. Backpulver

12 Gläser für jeweils 240 ml Inhalt
etwas Butter und Semmelbrösel für die Gläser

Zubereitung

Alle Zutaten in den Mixtopf geben. Auf Stufe 5/ 1 Minute rühren. Den Teig nach unten schieben und nochmals 30 Sekunden auf Stufe 5 rühren. Die Gläser mit Butter gut einfetten und mit Semmelbrösel einstreuen. Nun die Gläser zur Hälfte mit Teig befüllen und auf das Backblech stellen. Bei 180 Grad Ober und Unterhitze ca. 30 Minuten backen. Danach die Gläser sofort verschließen.

Rum Kuchen im Glas

Zutaten
5 Eier
200 g Zucker
1 Pck. Vanillezucker
250 g Öl
250 g Sahne
50 g Rum
100 g Mandeln, gestiftet
250 g Mehl
1 Pck. Backpulver

12 Gläser für jeweils 240 ml Inhalt
etwas Butter und Semmelbrösel für die Gläser

Zubereitung

Alle Zutaten in den Mixtopf geben. Auf Stufe 5/ 1 Minute rühren. Den Teig nach unten schieben und nochmals 30 Sekunden auf Stufe 5 rühren. Die Gläser mit Butter gut einfetten und mit Semmelbrösel einstreuen. Nun die Gläser zur Hälfte mit Teig befüllen und auf das Backblech stellen. Bei 180 Grad Ober und Unterhitze ca. 30 Minuten backen. Danach die Gläser sofort verschließen.

After Eight Kuchen im Glas

Zutaten
5 Eier
200 g Zucker
1 Pck. Vanillezucker
250 g Öl
250 g Sahne
250 g Mehl
100 g After Eight, zerbröselt
50 g Kakao
50 g Schokostreusel
1 Pck. Backpulver

12 Gläser für jeweils 240 ml Inhalt
etwas Butter und Semmelbrösel für die Gläser

Zubereitung
Alle Zutaten in den Mixtopf geben. Auf Stufe 5/ 1 Minute rühren. Den Teig nach unten schieben und nochmals 30 Sekunden auf Stufe 5 rühren. Die Gläser mit Butter gut einfetten und mit Semmelbrösel einstreuen. Nun die Gläser zur Hälfte mit Teig befüllen und auf das Backblech stellen. Bei 180 Grad Ober und Unterhitze ca. 30 Minuten backen. Danach die Gläser sofort verschließen.

Apfel Marzipan Kuchen im Glas

Zutaten
5 Eier
200 g Zucker
1 Pck. Vanillezucker
250 g Öl
150 g Sahne
100 g Apfelmus
100 g Äpfel in Stücken
50 g Rosinen
50 g Mandeln, gemahlen
250 g Mehl
½ TL Zimt
1 Pck. Backpulver

12 Gläser für jeweils 240 ml Inhalt
etwas Butter und Semmelbrösel für die Gläser

Zubereitung
Alle Zutaten in den Mixtopf geben. Auf Stufe 5/ 1 Minute rühren. Den Teig nach unten schieben und nochmals 30 Sekunden auf Stufe 5 rühren. Die Gläser mit Butter gut einfetten und mit Semmelbrösel einstreuen. Nun die Gläser zur Hälfte mit Teig befüllen und auf das Backblech stellen. Bei 180 Grad Ober und Unterhitze ca. 30 Minuten backen. Danach die Gläser sofort verschließen. Hübsch dekorieren.

Gummibärchen Kuchen im Glas

Zutaten
5 Eier
200 g Zucker
1 Pck. Vanillezucker
250 g Öl
250 g Sahne
250 g Mehl
150 g Gummibärchen
1 Pck. Backpulver

12 Gläser für jeweils 240 ml Inhalt
etwas Butter und Semmelbrösel für die Gläser

Zubereitung
Alle Zutaten in den Mixtopf geben. Auf Stufe 5/ 1 Minute rühren. Den Teig nach unten schieben und nochmals 30 Sekunden auf Stufe 5 rühren. Die Gläser mit Butter gut einfetten und mit Semmelbrösel einstreuen. Nun die Gläser zur Hälfte mit Teig befüllen und auf das Backblech stellen. Bei 180 Grad Ober und Unterhitze ca. 30 Minuten backen. Danach die Gläser sofort verschließen.

Schwarzwälder Kirsch Kuchen im Glas

Zutaten
5 Eier
200 g Zucker
1 Pck. Vanillezucker
250 g Öl
250 g Sahne
250 g Mehl
50 g Kakao
100 g Kirschen aus dem Glas
50 g Kirschwasser
100 g gemahlene Mandeln
100 g Schokostreusel
1 Pck. Backpulver

12 Gläser für jeweils 240 ml Inhalt
etwas Butter und Semmelbrösel für die Gläser

Zubereitung
Alle Zutaten in den Mixtopf geben. Auf Stufe 5/ 1 Minute rühren. Den Teig nach unten schieben und nochmals 30 Sekunden auf Stufe 5 rühren. Die Gläser mit Butter gut einfetten und mit Semmelbrösel einstreuen. Nun die Gläser zur Hälfte mit Teig befüllen und auf das Backblech stellen. Bei 180 Grad Ober und Unterhitze ca. 30 Minuten backen. Danach die Gläser sofort verschließen. Dekorieren und gegebenenfalls verschenken.

Kokos Rum Kuchen im Glas

Zutaten
5 Eier
100 g Zucker, weiß
100 g Zucker, braun
1 Pck. Vanillezucker
250 g Öl
250 g Sahne
250 g Mehl
50 g Rum
100 g Kokosflocken
1 Fläschchen Rumaroma
1 Pck. Backpulver

12 Gläser für jeweils 240 ml Inhalt
etwas Butter und Semmelbrösel für die Gläser

Zubereitung
Alle Zutaten in den Mixtopf geben. Auf Stufe 5/ 1 Minute rühren. Den Teig nach unten schieben und nochmals 30 Sekunden auf Stufe 5 rühren. Die Gläser mit Butter gut einfetten und mit Semmelbrösel einstreuen. Nun die Gläser zur Hälfte mit Teig befüllen und auf das Backblech stellen. Bei 180 Grad Ober und Unterhitze ca. 30 Minuten backen. Danach die Gläser sofort verschließen.

Pflaumenmus Zimt Kuchen im Glas

Zutaten
5 Eier
200 g Zucker
1 Pck. Vanillezucker
250 g Öl
250 g Sahne
250 g Mehl
100 g Pflaumenmus
1 TL Zimt
1 Prise Pfeffer
50 g Nutella
1 Pck. Backpulver

12 Gläser für jeweils 240 ml Inhalt
etwas Butter und Semmelbrösel für die Gläser

Zubereitung
Alle Zutaten in den Mixtopf geben. Auf Stufe 5/ 1 Minute rühren. Den Teig nach unten schieben und nochmals 30 Sekunden auf Stufe 5 rühren. Die Gläser mit Butter gut einfetten und mit Semmelbrösel einstreuen. Nun die Gläser zur Hälfte mit Teig befüllen und auf das Backblech stellen. Bei 180 Grad Ober und Unterhitze ca. 30 Minuten backen. Danach die Gläser sofort verschließen.

Macadamia Weiße Schokoladen Kuchen im Glas

Zutaten
5 Eier
200 g Zucker
1 Pck. Vanillezucker
250 g Öl
250 g Sahne
250 g Mehl
100 g Weiße Schokolade, gehackt
100 g Macadamia, gehackt
1 Pck. Backpulver

12 Gläser für jeweils 240 ml Inhalt
etwas Butter und Semmelbrösel für die Gläser

Zubereitung
Alle Zutaten in den Mixtopf geben. Auf Stufe 5/ 1 Minute rühren. Den Teig nach unten schieben und nochmals 30 Sekunden auf Stufe 5 rühren. Die Gläser mit Butter gut einfetten und mit Semmelbrösel einstreuen. Nun die Gläser zur Hälfte mit Teig befüllen und auf das Backblech stellen. Bei 180 Grad Ober und Unterhitze ca. 30 Minuten backen. Danach die Gläser sofort verschließen. Der Kuchen ist dann ca. 3 Monate haltbar.

Schoko Chili Kuchen im Glas

Zutaten
5 Eier
200 g Zucker
1 Pck. Vanillezucker
250 g Öl
250 g Sahne
250 g Mehl
50 g Kakao
1 gute Prise Chili
100 g Vollmilch Schokolade, gehackt
1 Pck. Backpulver

12 Gläser für jeweils 240 ml Inhalt
etwas Butter und Semmelbrösel für die Gläser

Zubereitung
Alle Zutaten in den Mixtopf geben. Auf Stufe 5/ 1 Minute rühren. Den Teig nach unten schieben und nochmals 30 Sekunden auf Stufe 5 rühren. Die Gläser mit Butter gut einfetten und mit Semmelbrösel einstreuen. Nun die Gläser zur Hälfte mit Teig befüllen und auf das Backblech stellen. Bei 180 Grad Ober und Unterhitze ca. 30 Minuten backen. Danach die Gläser sofort verschließen.

Lebkuchen im Glas

Zutaten
5 Eier
200 g Zucker
1 Pck. Vanillezucker
250 g Öl
250 g Sahne
250 g Mehl
1 TL Lebkuchengewürz
50 g Kakao
1 Prise Zimt
1 Prise Nelke
1 Pck. Backpulver

12 Gläser für jeweils 240 ml Inhalt
etwas Butter und Semmelbrösel für die Gläser

Zubereitung
Alle Zutaten in den Mixtopf geben. Auf Stufe 5/ 1 Minute rühren. Den Teig nach unten schieben und nochmals 30 Sekunden auf Stufe 5 rühren. Die Gläser mit Butter gut einfetten und mit Semmelbrösel einstreuen. Nun die Gläser zur Hälfte mit Teig befüllen und auf das Backblech stellen. Bei 180 Grad Ober und Unterhitze ca. 30 Minuten backen. Danach die Gläser sofort verschließen. Gegebenenfalls weihnachtlich dekorieren.

Cookies

Das Backen von Cookies ist eine Kunst für sich. Sie sollten knackig sein, aber dennoch saftig bleiben. Sie können immer anders kombiniert werden. Wichtig ist, dass man sie immer erst etwas auskühlen lässt, bevor man sie vom Blech nimmt, da sie sonst zerfallen könnten.

Cranberry Nuss Cookies

Zutaten
380 g Mehl
1 TL Salz
250 g weiche Butter
200 g Zucker
100 g brauner Zucker
2 TL Vanillezucker
2 Eier
100 g geschälte Pistazien
200 g getrocknete Cranberries

Zubereitung
Den weißen Zucker in den Mixtopf geben. Auf Stufe 10/ 20 Sekunden mahlen. Nun Mehl und Butter hinzugeben und nochmals auf Stufe 5/ 1 Minute mischen. Die übrigen Zutaten hinzufügen und auf Stufe 5/ 30 Sekunden mischen. Ein Backblech mit Backpapier

belegen. Mit 2 Teelöffeln immer ein Löffelchen Teig auf das Papier geben. Etwas Abstand halten, da die Kleckse noch zerlaufen. Den Backofen auf 180 Grad Ober und Unterhitze einschalten. Das Backblech mit dem Teig hinein geben und ca. 15 Minuten backen. Auskühlen lassen.

Bananen Schoko Cookies

Zutaten
400 g Mehl
1 TL Salz
250 g weiche Butter
200 g Zucker
100 g brauner Zucker
2 TL Vanillezucker
2 Eier
100 g Schoko Tropfen
200 g Bananenchips etwas zerkleinern

Zubereitung
Den weißen Zucker in den Mixtopf geben. Auf Stufe 10/ 20 Sekunden mahlen. Nun Mehl und Butter hinzugeben und nochmals auf Stufe 5/ 1 Minute mischen. Die

übrigen Zutaten hinzufügen und auf Stufe 5/ 30 Sekunden mischen. Ein Backblech mit Backpapier belegen. Mit 2 Teelöffeln immer ein Löffelchen Teig auf das Papier geben. Etwas Abstand halten, da die Kleckse noch zerlaufen. Den Backofen auf 180 Grad Ober und Unterhitze einschalten. Das Backblech mit dem Teig hinein geben und ca. 15 Minuten backen. Auskühlen lassen.

Müsli Cookies

Zutaten
380 g Mehl
1 TL Salz
250 g weiche Butter
200 g Zucker
100 g brauner Zucker
2 TL Vanillezucker
2 Eier
300 g Müsli nach Wahl

Zubereitung
Den weißen Zucker in den Mixtopf geben. Auf Stufe 10/ 20 Sekunden mahlen. Nun Mehl und Butter hinzugeben und nochmals auf Stufe 5/ 1 Minute mischen. Die

übrigen Zutaten hinzufügen und auf Stufe 5/ 30 Sekunden mischen. Ein Backblech mit Backpapier belegen. Mit 2 Teelöffeln immer ein Löffelchen Teig auf das Papier geben. Etwas Abstand halten, da die Kleckse noch zerlaufen. Den Backofen auf 180 Grad Ober und Unterhitze einschalten. Das Backblech mit dem Teig hinein geben und ca. 15 Minuten backen. Auskühlen lassen.

Erdnussbutter Cookies

Zutaten
380 g Mehl
1 TL Salz
100 g weiche Butter
150 g Erdnussbutter
200 g Zucker
100 g brauner Zucker
2 TL Vanillezucker
2 Eier
200 g Erdnüsse

Zubereitung

Den weißen Zucker in den Mixtopf geben. Auf Stufe 10/ 20 Sekunden mahlen. Nun Mehl und Butter hinzugeben und nochmals auf Stufe 5/ 1 Minute mischen. Die übrigen Zutaten hinzufügen und auf Stufe 5/ 30 Sekunden mischen. Ein Backblech mit Backpapier belegen. Mit 2 Teelöffeln immer ein Löffelchen Teig auf das Papier geben. Etwas Abstand halten, da die Kleckse noch zerlaufen. Den Backofen auf 180 Grad Ober und Unterhitze einschalten. Das Backblech mit dem Teig hinein geben und ca. 15 Minuten backen. Auskühlen lassen.

Weiße Schokolade Macadamia Cookies

Zutaten
400 g Mehl
1 TL Salz
250 g weiche Butter
200 g Zucker
100 g brauner Zucker
2 TL Vanillezucker
2 Eier
100 g Macadamia
200 g weiße Schokolade
grob zerkleinert

Zubereitung
Den weißen Zucker in den Mixtopf geben. Auf Stufe 10/ 20 Sekunden mahlen. Nun Mehl und Butter hinzugeben und nochmals auf Stufe 5/ 1 Minute mischen. Die übrigen Zutaten hinzufügen und auf Stufe 5/ 30 Sekunden mischen. Ein Backblech mit Backpapier belegen. Mit 2 Teelöffeln immer ein Löffelchen Teig auf das Papier geben. Etwas Abstand halten, da die Kleckse noch zerlaufen. Den Backofen auf 180 Grad Ober und Unterhitze einschalten. Das Backblech mit dem Teig hinein geben und ca. 15 Minuten backen. Auskühlen lassen.

Schokolade Pistazien Cookies

Zutaten
400 g Mehl
1 TL Salz
250 g weiche Butter
200 g Zucker
100 g brauner Zucker
2 TL Vanillezucker
2 Eier

100 g geschälte Pistazien
200 g Schokolade grob
zerkleinert

Zubereitung
Den weißen Zucker in den Mixtopf geben. Auf Stufe 10/ 20 Sekunden mahlen. Nun Mehl und Butter hinzugeben und nochmals auf Stufe 5/ 1 Minute mischen. Die übrigen Zutaten hinzufügen und auf Stufe 5/ 30 Sekunden mischen. Ein Backblech mit Backpapier belegen. Mit 2 Teelöffeln immer ein Löffelchen Teig auf das Papier geben. Etwas Abstand halten, da die Kleckse noch zerlaufen. Den Backofen auf 180 Grad Ober und Unterhitze einschalten. Das Backblech mit dem Teig hinein geben und ca. 15 Minuten backen. Auskühlen lassen.

Kokos Rosinen Cookies

Zutaten
380 g Mehl
1 TL Salz
250 g weiche Butter
200 g Zucker
100 g brauner Zucker
2 TL Vanillezucker
2 Eier
100 g Kokosflocken
200 g Rosinen

Zubereitung
Den weißen Zucker in den Mixtopf geben. Auf Stufe 10/ 20 Sekunden mahlen. Nun Mehl und Butter hinzugeben und nochmals auf Stufe 5/ 1 Minute mischen. Die übrigen Zutaten hinzufügen und auf Stufe 5/ 30 Sekunden mischen. Ein Backblech mit Backpapier belegen. Mit 2 Teelöffeln immer ein Löffelchen Teig auf das Papier geben. Etwas Abstand halten, da die Kleckse noch zerlaufen. Den Backofen auf 180 Grad Ober und Unterhitze einschalten. Das Backblech mit dem Teig hinein geben und ca. 15 Minuten backen. Auskühlen lassen.

Haselnuss Cookies

Zutaten
380 g Mehl
1 TL Salz
250 g weiche Butter
200 g Zucker
100 g brauner Zucker
2 TL Vanillezucker
2 Eier
100 g gemahlene Haselnüsse
200 g gehackte Haselnüsse

Zubereitung
Den weißen Zucker in den Mixtopf geben. Auf Stufe 10/ 20 Sekunden mahlen. Nun Mehl und Butter hinzugeben und nochmals auf Stufe 5/ 1 Minute mischen. Die übrigen Zutaten hinzufügen und auf Stufe 5/ 30 Sekunden mischen. Ein Backblech mit Backpapier belegen. Mit 2 Teelöffeln immer ein Löffelchen Teig auf das Papier geben. Etwas Abstand halten, da die Kleckse noch zerlaufen. Den Backofen auf 180 Grad Ober und Unterhitze einschalten. Das Backblech mit dem Teig hinein geben und ca. 15 Minuten backen. Auskühlen lassen.

Chili Schokolade Cookies

Zutaten
380 g Mehl
1 TL Salz
250 g weiche Butter
200 g Zucker
100 g brauner Zucker
2 TL Vanillezucker
2 Eier
1 gute Prise Chili
1 Prise schwarzer Pfeffer
1 EL Backkakao
200 g gehackte Schokolade

Zubereitung

Den weißen Zucker in den Mixtopf geben. Auf Stufe 10/ 20 Sekunden mahlen. Nun Mehl und Butter hinzugeben und nochmals auf Stufe 5/ 1 Minute mischen. Die übrigen Zutaten hinzufügen und auf Stufe 5/ 30 Sekunden mischen. Ein Backblech mit Backpapier belegen. Mit 2 Teelöffeln immer ein Löffelchen Teig auf das Papier geben. Etwas Abstand halten, da die Kleckse noch zerlaufen. Den Backofen auf 180 Grad Ober und Unterhitze einschalten. Das Backblech mit dem Teig hinein geben und ca. 15 Minuten backen. Auskühlen lassen.

Smarties Cookies

Zutaten
400 g Mehl
1 TL Salz
250 g weiche Butter

200 g Zucker
100 g brauner Zucker
2 TL Vanillezucker
2 Eier
200 g Smarties

Zubereitung
Den weißen Zucker in den Mixtopf geben. Auf Stufe 10/ 20 Sekunden mahlen. Nun Mehl und Butter hinzugeben und nochmals auf Stufe 5/ 1 Minute mischen. Die übrigen Zutaten hinzufügen und auf Stufe 5/ 30 Sekunden mischen. Ein Backblech mit Backpapier belegen. Mit 2 Teelöffeln immer ein Löffelchen Teig auf das Papier geben. Etwas Abstand halten, da die Kleckse noch zerlaufen. Den Backofen auf 180 Grad Ober und Unterhitze einschalten. Das Backblech mit dem Teig hinein geben und ca. 15 Minuten backen. Auskühlen lassen.

Double Chocolate Cookies

Zutaten
400 g Mehl
1 TL Salz

250 g weiche Butter
200 g Zucker
100 g brauner Zucker
2 TL Vanillezucker
2 Eier
150 g dunkle Schokolade
150 g weiße Schokolade

Zubereitung
Den weißen Zucker in den Mixtopf geben. Auf Stufe 10/ 20 Sekunden mahlen. Nun Mehl und Butter hinzugeben und nochmals auf Stufe 5/ 1 Minute mischen. Die übrigen Zutaten hinzufügen und auf Stufe 5/ 30 Sekunden mischen. Ein Backblech mit Backpapier belegen. Mit 2 Teelöffeln immer ein Löffelchen Teig auf das Papier geben. Etwas Abstand halten, da die Kleckse noch zerlaufen. Den Backofen auf 180 Grad Ober und Unterhitze einschalten. Das Backblech mit dem Teig hinein geben und ca. 15 Minuten backen. Auskühlen lassen.

Zitronen Cookies

Zutaten
390 g Mehl
1 TL Salz
250 g weiche Butter
200 g Zucker

100 g brauner Zucker
2 TL Vanillezucker
2 Eier
abgeriebene Schale einer Bio Zitrone
2 EL Zitronensaft

Zubereitung
Den weißen Zucker in den Mixtopf geben. Auf Stufe 10/ 20 Sekunden mahlen. Nun Mehl und Butter hinzugeben und nochmals auf Stufe 5/ 1 Minute mischen. Die übrigen Zutaten hinzufügen und auf Stufe 5/ 30 Sekunden mischen. Ein Backblech mit Backpapier belegen. Mit 2 Teelöffeln immer ein Löffelchen Teig auf das Papier geben. Etwas Abstand halten, da die Kleckse noch zerlaufen. Den Backofen auf 180 Grad Ober und Unterhitze einschalten. Das Backblech mit dem Teig hinein geben und ca. 15 Minuten backen. Auskühlen lassen.

Orange Schokolade Cookies

Zutaten
380 g Mehl
1 TL Salz
250 g weiche Butter
200 g Zucker
100 g brauner Zucker
2 TL Vanillezucker
2 Eier
abgeriebene Schale einer Bio Orange
2 EL Orangensaft
150 g Schokostreusel

Zubereitung
Den weißen Zucker in den Mixtopf geben. Auf Stufe 10/ 20 Sekunden mahlen. Nun Mehl und Butter hinzugeben und nochmals auf Stufe 5/ 1 Minute mischen. Die übrigen Zutaten hinzufügen und auf Stufe 5/ 30 Sekunden mischen. Ein Backblech mit Backpapier belegen. Mit 2 Teelöffeln immer ein Löffelchen Teig auf das Papier geben. Etwas Abstand halten, da die Kleckse noch zerlaufen. Den Backofen auf 180 Grad Ober und Unterhitze einschalten. Das Backblech mit dem Teig hinein geben und ca. 15 Minuten backen. Auskühlen lassen.

Pistazien Limetten Cookies

Zutaten
380 g Mehl
1 TL Salz
250 g weiche Butter
200 g Zucker
100 g brauner Zucker
2 TL Vanillezucker
2 Eier
100 g geschälte Pistazien
abgeriebene Schale einer Bio Limette
2 EL Limettensaft

Zubereitung
Den weißen Zucker in den Mixtopf geben. Auf Stufe 10/ 20 Sekunden mahlen. Nun Mehl und Butter hinzugeben und nochmals auf Stufe 5/ 1 Minute mischen. Die übrigen Zutaten hinzufügen und auf Stufe 5/ 30 Sekunden mischen. Ein Backblech mit Backpapier belegen. Mit 2 Teelöffeln immer ein Löffelchen Teig auf das Papier geben. Etwas Abstand halten, da die Kleckse noch zerlaufen. Den Backofen auf 180 Grad Ober und Unterhitze einschalten. Das Backblech mit dem Teig hinein geben und ca. 15 Minuten backen. Auskühlen lassen.

Marzipan Mohn Cookies

Zutaten
380 g Mehl
1 TL Salz
250 g weiche Butter
200 g Zucker
100 g brauner Zucker
2 TL Vanillezucker
2 Eier
100 g Mohn
200 g Marzipanrohmasse
in Stücken

Zubereitung
Den weißen Zucker in den Mixtopf geben. Auf Stufe 10/ 20 Sekunden mahlen. Nun Mehl und Butter hinzugeben und nochmals auf Stufe 5/ 1 Minute mischen. Die übrigen Zutaten hinzufügen und auf Stufe 5/ 30 Sekunden mischen. Ein Backblech mit Backpapier belegen. Mit 2 Teelöffeln immer ein Löffelchen Teig auf das Papier geben. Etwas Abstand halten, da die Kleckse noch zerlaufen. Den Backofen auf 180 Grad Ober und Unterhitze einschalten. Das Backblech mit dem Teig hinein geben und ca. 15 Minuten backen. Auskühlen lassen.

Walnuss Cookies

Zutaten
380 g Mehl
1 TL Salz
250 g weiche Butter
200 g Zucker
100 g brauner Zucker
2 TL Vanillezucker
2 Eier
100 g gemahlene Walnüsse
200 g Walnüsse gehackt

Zubereitung
Den weißen Zucker in den Mixtopf geben. Auf Stufe 10/ 20 Sekunden mahlen. Nun Mehl und Butter hinzugeben und nochmals auf Stufe 5/ 1 Minute mischen. Die übrigen Zutaten hinzufügen und auf Stufe 5/ 30 Sekunden mischen. Ein Backblech mit Backpapier belegen. Mit 2 Teelöffeln immer ein Löffelchen Teig auf das Papier geben. Etwas Abstand halten, da die Kleckse noch zerlaufen. Den Backofen auf 180 Grad Ober und Unterhitze einschalten. Das Backblech mit dem Teig hinein geben und ca. 15 Minuten backen. Auskühlen lassen.

Cranberry Nuss Cookies

Zutaten
380 g Mehl
1 TL Salz
250 g weiche Butter
200 g Zucker
100 g brauner Zucker
2 TL Vanillezucker
2 Eier
100 g Ananasstücke kandiert
200 g Kokosnuss gehobelt

Zubereitung
Den weißen Zucker in den Mixtopf geben. Auf Stufe 10/ 20 Sekunden mahlen. Nun Mehl und Butter hinzugeben und nochmals auf Stufe 5/ 1 Minute mischen. Die übrigen Zutaten hinzufügen und auf Stufe 5/ 30 Sekunden mischen. Ein Backblech mit Backpapier belegen. Mit 2 Teelöffeln immer ein Löffelchen Teig auf das Papier geben. Etwas Abstand halten, da die Kleckse noch zerlaufen. Den Backofen auf 180 Grad Ober und Unterhitze einschalten. Das Backblech mit dem Teig hinein geben und ca. 15 Minuten backen. Auskühlen lassen.

Dattel Zimt Cookies

Zutaten
380 g Mehl
1 TL Salz
250 g weiche Butter
200 g Zucker
100 g brauner Zucker
2 TL Vanillezucker
2 Eier
200 g Datteln in Stücken
1 TL Zimt

Zubereitung
Den weißen Zucker in den Mixtopf geben. Auf Stufe 10/ 20 Sekunden mahlen. Nun Mehl und Butter hinzugeben und nochmals auf Stufe 5/ 1 Minute mischen. Die übrigen Zutaten hinzufügen und auf Stufe 5/ 30 Sekunden mischen. Ein Backblech mit Backpapier belegen. Mit 2 Teelöffeln immer ein Löffelchen Teig auf das Papier geben. Etwas Abstand halten, da die Kleckse noch zerlaufen. Den Backofen auf 180 Grad Ober und Unterhitze einschalten. Das Backblech mit dem Teig hinein geben und ca. 15 Minuten backen. Auskühlen lassen.

Apfel Zimt Cookies

Zutaten
380 g Mehl
1 TL Salz
250 g weiche Butter
200 g Zucker
100 g brauner Zucker
2 TL Vanillezucker
2 Eier
1 TL Zimt
200 g Apfelstücke

Zubereitung
Den weißen Zucker in den Mixtopf geben. Auf Stufe 10/ 20 Sekunden mahlen. Nun Mehl und Butter hinzugeben und nochmals auf Stufe 5/ 1 Minute mischen. Die übrigen Zutaten hinzufügen und auf Stufe 5/ 30 Sekunden mischen. Ein Backblech mit Backpapier belegen. Mit 2 Teelöffeln immer ein Löffelchen Teig auf das Papier geben. Etwas Abstand halten, da die Kleckse noch zerlaufen. Den Backofen auf 180 Grad Ober und Unterhitze einschalten. Das Backblech mit dem Teig hinein geben und ca. 15 Minuten backen. Auskühlen lassen.

Leinsaat Sesam Cookies

Zutaten
380 g Mehl
1 TL Salz
300 g weiche Butter
200 g Zucker
100 g brauner Zucker
2 TL Vanillezucker
2 Eier
100 g Leinsaat
100 g Sesam

Zubereitung
Den weißen Zucker in den Mixtopf geben. Auf Stufe 10/ 20 Sekunden mahlen. Nun Mehl und Butter hinzugeben und nochmals auf Stufe 5/ 1 Minute mischen. Die übrigen Zutaten hinzufügen und auf Stufe 5/ 30 Sekunden mischen. Ein Backblech mit Backpapier belegen. Mit 2 Teelöffeln immer ein Löffelchen Teig auf das Papier geben. Etwas Abstand halten, da die Kleckse noch zerlaufen. Den Backofen auf 180 Grad Ober und Unterhitze einschalten. Das Backblech mit dem Teig hinein geben und ca. 15 Minuten backen. Auskühlen lassen.

Ingwer Cookies

Zutaten
380 g Mehl
1 TL Salz
250 g weiche Butter
200 g Zucker
100 g brauner Zucker
2 TL Vanillezucker
2 Eier
100 g gemahlene Mandeln
1 TL Ingwerpulver getrocknet
1 Prise schwarzer Pfeffer

Zubereitung
Den weißen Zucker in den Mixtopf geben. Auf Stufe 10/ 20 Sekunden mahlen. Nun Mehl und Butter hinzugeben und nochmals auf Stufe 5/ 1 Minute mischen. Die übrigen Zutaten hinzufügen und auf Stufe 5/ 30 Sekunden mischen. Ein Backblech mit Backpapier belegen. Mit 2 Teelöffeln immer ein Löffelchen Teig auf das Papier geben. Etwas Abstand halten, da die Kleckse noch zerlaufen. Den Backofen auf 180 Grad Ober und Unterhitze einschalten. Das Backblech mit dem Teig hinein geben und ca. 15 Minuten backen. Auskühlen lassen.

Schoko Zitronen Cookies

Zutaten
380 g Mehl
1 TL Salz
250 g weiche Butter
200 g Zucker
100 g brauner Zucker
2 TL Vanillezucker
2 Eier
abgeriebene Schale einer Bio Zitrone
200 g Schokotropfen

Zubereitung
Den weißen Zucker in den Mixtopf geben. Auf Stufe 10/ 20 Sekunden mahlen. Nun Mehl und Butter hinzugeben und nochmals auf Stufe 5/ 1 Minute mischen. Die übrigen Zutaten hinzufügen und auf Stufe 5/ 30 Sekunden mischen. Ein Backblech mit Backpapier belegen. Mit 2 Teelöffeln immer ein Löffelchen Teig auf das Papier geben. Etwas Abstand halten, da die Kleckse noch zerlaufen. Den Backofen auf 180 Grad Ober und Unterhitze einschalten. Das Backblech mit dem Teig hinein geben und ca. 15 Minuten backen. Auskühlen lassen.

Weiße Schokolade Limonen Cookies

Zutaten
400 g Mehl
1 TL Salz
250 g weiche Butter
200 g Zucker
100 g brauner Zucker
2 TL Vanillezucker
2 Eier
abgeriebene Schale einer Bio Limone
2 EL Limonensaft
200 g weiße Schokolade gehobelt

Zubereitung
Den weißen Zucker in den Mixtopf geben. Auf Stufe 10/ 20 Sekunden mahlen. Nun Mehl und Butter hinzugeben und nochmals auf Stufe 5/ 1 Minute mischen. Die übrigen Zutaten hinzufügen und auf Stufe 5/ 30 Sekunden mischen. Ein Backblech mit Backpapier belegen. Mit 2 Teelöffeln immer ein Löffelchen Teig auf das Papier geben. Etwas Abstand halten, da die Kleckse noch zerlaufen. Den Backofen auf 180 Grad Ober und Unterhitze einschalten. Das Backblech mit dem Teig hinein geben und ca. 15 Minuten backen. Auskühlen lassen.

Karamell Cookies

Zutaten
380 g Mehl
1 TL Salz
250 g weiche Butter
200 g Zucker
100 g brauner Zucker
2 TL Vanillezucker
2 Eier
100 g gemahlene Mandeln
200 g weiche Karamellbonbons in Stücke geschnitten

Zubereitung
Den weißen Zucker in den Mixtopf geben. Auf Stufe 10/ 20 Sekunden mahlen. Nun Mehl und Butter hinzugeben und nochmals auf Stufe 5/ 1 Minute mischen. Die übrigen Zutaten hinzufügen und auf Stufe 5/ 30 Sekunden mischen. Ein Backblech mit Backpapier belegen. Mit 2 Teelöffeln immer ein Löffelchen Teig auf das Papier geben. Etwas Abstand halten, da die Kleckse noch zerlaufen. Den Backofen auf 180 Grad Ober und Unterhitze einschalten. Das Backblech mit dem Teig hinein geben und ca. 15 Minuten backen. Auskühlen lassen.

Cake Pops

Cake Pops sind beliebt bei jungen und alten Menschen. Meist sind sie so zart, dass sie regelrecht auf der Zunge zergehen. Hübsch verziert kann man dann nicht mehr widerstehen. Lassen Sie sich verzaubern von den zarten Teigen. Beim Verzieren der Cake Pops sind der Kreativität keine Grenzen gesetzt.
Besonders auf Kindergeburtstagen sind sie der Renner. Wer freut sich nicht darüber?

Zitronen Cake-Pops

Zutaten

Kuchenteig
250 g Butter
180 g Zucker
1 Päckchen Vanillezucker
4 Eier
250 g Mehl
2 gestrichene TL Backpulver
abgerieben Schale von 2 unbehandelten Zitronen
2 EL Zitronensaft

Frosting
50 g Frischkäse
20 g weiche Butter
150 g Zucker 20 Sekunden
auf Stufe 10 zu Puderzucker mahlen
1 EL Zitronensaft
Lebensmittelfarbe nach Belieben
Holzspieße

Dekor
Kuvertüre nach Wahl
Streuzucker oder Zuckerdekor
Smarties oder Bonbons
nach Belieben

Zubereitung

Den Backofen auf 180 Grad Ober- und Unterhitze vorheizen. Eine Backform mit etwas Butter einfetten. Es werden zuerst die Zutaten für den Kuchenteig benötigt. Eier, Butter und Zucker in den Mixtopf geben. Auf Stufe 5/ 30 Sekunden schaumig rühren. Nun die übrigen Zutaten in den Mixtopf geben und auf Stufe 10 / 1 Minute luftig schlagen. Den Teig in die Kuchenform geben und ca. 45 Minuten backen.

Lassen Sie den Kuchen nun erkalten. Jetzt die harten Ränder abschneiden und den Kuchen in einer Schüssel fein zerkrümeln. In den ausgespülten Mixtopf alle Zutaten für das Frosting geben und auf Stufe 2/ 1 Minute schlagen. Den zerkrümelten Teig kneten. Etwa eine walnussgroße Menge Teig nehmen und flach drücken (etwas in der Form, als wenn man Plätzchen mit einer runden Form aussticht). In der Mitte des Teiges einen guten Esslöffel des Frostings geben und alles zu einer Kugel rollen. Die Kugeln für eine Stunde im Kühlschrank stellen. In der Zwischenzeit im Wasserbad die Kuvertüre schmelzen und die Dekor Artikel bereitstellen. Die Kugeln aus dem Kühlschrank nehmen und in jede Kugel ein Holzspieß stecken. Dann jede Kugel in die Kuvertüre tauchen. Die Schokolade kurz etwas fester werden lassen und dann in das gewünschte Dekor tauchen. Vor dem Verzehr noch mindestens eine Stunde im Kühlschrank aushärten lassen.

Kokos Cake-Pops

Zutaten

Kuchenteig
250 g Butter
180 g Zucker
1 Päckchen Vanillezucker
4 Eier
250 g Mehl
2 gestrichene TL Backpulver
100 g Kokosflocken
3 EL Milch

Frosting
50 g Frischkäse
20 g weiche Butter
150 g Zucker 20 Sekunden
auf Stufe 10 zu Puderzucker mahlen
50 g Kokosflocken
Lebensmittelfarbe nach Belieben
Holzspieße

Dekor
Kuvertüre nach Wahl

Streuzucker oder Zuckerdekor
Smarties oder Bonbons
nach Belieben

Zubereitung
Den Backofen auf 180 Grad Ober- und Unterhitze vorheizen. Eine Backform mit etwas Butter einfetten. Es werden zuerst die Zutaten für den Kuchenteig benötigt. Eier, Butter und Zucker in den Mixtopf geben. Auf Stufe 5/ 30 Sekunden schaumig rühren. Nun die übrigen Zutaten in den Mixtopf geben und auf Stufe 10 / 1 Minute luftig schlagen. Den Teig in die Kuchenform geben und ca. 45 Minuten backen.
Lassen Sie den Kuchen nun erkalten. Jetzt die harten Ränder abschneiden und den Kuchen in einer Schüssel fein zerkrümeln. In den ausgespülten Mixtopf alle Zutaten für das Frosting geben und auf Stufe 2/ 1 Minute schlagen. Den zerkrümelten Teig kneten. Etwa eine walnussgroße Menge Teig nehmen und flach drücken (etwas in der Form, als wenn man Plätzchen mit einer runden Form aussticht). In der Mitte des Teiges einen guten Esslöffel des Frostings geben und alles zu einer Kugel rollen. Die Kugeln für eine Stunde im Kühlschrank stellen. In der Zwischenzeit im Wasserbad die Kuvertüre schmelzen und die Dekor Artikel bereitstellen. Die Kugeln aus dem Kühlschrank nehmen und in jede Kugel ein Holzspieß stecken. Dann jede Kugel in die Kuvertüre tauchen. Die Schokolade kurz etwas fester werden lassen und dann in das gewünschte Dekor tauchen. Vor dem Verzehr noch mindestens eine Stunde im Kühlschrank aushärten lassen.

Orangen Cake-Pops

Zutaten

Kuchenteig
250 g Butter
180 g Zucker
1 Päckchen Vanillezucker
4 Eier
250 g Mehl
2 gestrichene TL Backpulver
abgerieben Schale von 2 unbehandelten Orangen
2 EL Orangensaft

Frosting
50 g Frischkäse
20 g weiche Butter
150 g Zucker 20 Sekunden
auf Stufe 10 zu Puderzucker mahlen
1 EL Orangensaft
Lebensmittelfarbe nach Belieben
Holzspieße

Dekor
Kuvertüre nach Wahl
Streuzucker oder Zuckerdekor
Smarties oder Bonbons
nach Belieben

Zubereitung
Den Backofen auf 180 Grad Ober- und Unterhitze vorheizen. Eine Backform mit etwas Butter einfetten. Es werden zuerst die Zutaten für den Kuchenteig benötigt. Eier, Butter und Zucker in den Mixtopf geben. Auf Stufe 5/ 30 Sekunden schaumig rühren. Nun die übrigen Zutaten in den Mixtopf geben und auf Stufe 10 / 1 Minute luftig schlagen. Den Teig in die Kuchenform geben und ca. 45 Minuten backen.
Lassen Sie den Kuchen nun erkalten. Jetzt die harten Ränder abschneiden und den Kuchen in einer Schüssel fein zerkrümeln. In den ausgespülten Mixtopf alle Zutaten für das Frosting geben und auf Stufe 2/ 1 Minute schlagen. Den zerkrümelten Teig kneten. Etwa eine walnussgroße Menge Teig nehmen und flach drücken (etwas in der Form, als wenn man Plätzchen mit einer runden Form aussticht). In der Mitte des Teiges einen guten Esslöffel des Frostings geben und alles zu einer Kugel rollen. Die Kugeln für eine Stunde im Kühlschrank stellen. In der Zwischenzeit im Wasserbad die Kuvertüre schmelzen und die Dekor Artikel bereitstellen. Die Kugeln aus dem Kühlschrank nehmen und in jede Kugel ein Holzspieß stecken. Dann jede Kugel in die Kuvertüre tauchen. Die Schokolade kurz etwas fester werden lassen und dann in das gewünschte Dekor tauchen. Vor dem Verzehr noch mindestens eine Stunde im Kühlschrank aushärten lassen.

Stracciatella Cake-Pops

Zutaten

Kuchenteig
250 g Butter
180 g Zucker
Mark einer Vanilleschote
4 Eier
250 g Mehl
2 gestrichene TL Backpulver
100 g Schokotropfen

Frosting
50 g Frischkäse
20 g weiche Butter
150 g Zucker 20 Sekunden
auf Stufe 10 zu Puderzucker mahlen
1 EL Schokotreusel
Lebensmittelfarbe nach Belieben
Holzspieße

Dekor
Kuvertüre nach Wahl
Streuzucker oder Zuckerdekor
Smarties oder Bonbons
nach Belieben

Zubereitung
Den Backofen auf 180 Grad Ober- und Unterhitze vorheizen. Eine Backform mit etwas Butter einfetten. Es werden zuerst die Zutaten für den Kuchenteig benötigt.

Eier, Butter und Zucker in den Mixtopf geben. Auf Stufe 5/ 30 Sekunden schaumig rühren. Nun die übrigen Zutaten in den Mixtopf geben und auf Stufe 10 / 1 Minute luftig schlagen. Den Teig in die Kuchenform geben und ca. 45 Minuten backen.
Lassen Sie den Kuchen nun erkalten. Jetzt die harten Ränder abschneiden und den Kuchen in einer Schüssel fein zerkrümeln. In den ausgespülten Mixtopf alle Zutaten für das Frosting geben und auf Stufe 2/ 1 Minute schlagen. Den zerkrümelten Teig kneten. Etwa eine walnussgroße Menge Teig nehmen und flach drücken (etwas in der Form, als wenn man Plätzchen mit einer runden Form aussticht). In der Mitte des Teiges einen guten Esslöffel des Frostings geben und alles zu einer Kugel rollen. Die Kugeln für eine Stunde im Kühlschrank stellen. In der Zwischenzeit im Wasserbad die Kuvertüre schmelzen und die Dekor Artikel bereitstellen. Die Kugeln aus dem Kühlschrank nehmen und in jede Kugel ein Holzspieß stecken. Dann jede Kugel in die Kuvertüre tauchen. Die Schokolade kurz etwas fester werden lassen und dann in das gewünschte Dekor tauchen. Vor dem Verzehr noch mindestens eine Stunde im Kühlschrank aushärten lassen.

Marzipan Cake-Pops

Zutaten

Kuchenteig
250 g Butter
180 g Zucker
1 Päckchen Vanillezucker
4 Eier
250 g Mehl
2 gestrichene TL Backpulver
1 Fläschchen Bittermandelbacköl
150 g Marzipanrohmasse

Frosting
50 g Frischkäse
20 g weiche Butter
150 g Zucker 20 Sekunden
auf Stufe 10 zu Puderzucker mahlen
50 g Marzipanrohmasse
Lebensmittelfarbe nach Belieben
Holzspieße

Dekor
Kuvertüre nach Wahl
Streuzucker oder Zuckerdekor
Smarties oder Bonbons
nach Belieben

Zubereitung
Den Backofen auf 180 Grad Ober- und Unterhitze vorheizen. Eine Backform mit etwas Butter einfetten. Es

werden zuerst die Zutaten für den Kuchenteig benötigt. Eier, Butter und Zucker in den Mixtopf geben. Auf Stufe 5/ 30 Sekunden schaumig rühren. Nun die übrigen Zutaten in den Mixtopf geben und auf Stufe 10 / 1 Minute luftig schlagen. Den Teig in die Kuchenform geben und ca. 45 Minuten backen.
Lassen Sie den Kuchen nun erkalten. Jetzt die harten Ränder abschneiden und den Kuchen in einer Schüssel fein zerkrümeln. In den ausgespülten Mixtopf alle Zutaten für das Frosting geben und auf Stufe 2/ 1 Minute schlagen. Den zerkrümelten Teig kneten. Etwa eine walnussgroße Menge Teig nehmen und flach drücken (etwas in der Form, als wenn man Plätzchen mit einer runden Form aussticht). In der Mitte des Teiges einen guten Esslöffel des Frostings geben und alles zu einer Kugel rollen. Die Kugeln für eine Stunde im Kühlschrank stellen. In der Zwischenzeit im Wasserbad die Kuvertüre schmelzen und die Dekor Artikel bereitstellen. Die Kugeln aus dem Kühlschrank nehmen und in jede Kugel ein Holzspieß stecken. Dann jede Kugel in die Kuvertüre tauchen. Die Schokolade kurz etwas fester werden lassen und dann in das gewünschte Dekor tauchen. Vor dem Verzehr noch mindestens eine Stunde im Kühlschrank aushärten lassen.

Schokoladen Cake-Pops

Zutaten

Kuchenteig
250 g Butter
180 g Zucker
1 Päckchen Vanillezucker
4 Eier
250 g Mehl
2 gestrichene TL Backpulver
50 g Kakao

Frosting
50 g Frischkäse
20 g weiche Butter
150 g Zucker 20 Sekunden
auf Stufe 10 zu Puderzucker mahlen
1 EL Kakao
Lebensmittelfarbe nach Belieben
Holzspieße

Dekor
Kuvertüre nach Wahl
Streuzucker oder Zuckerdekor
Smarties oder Bonbons
nach Belieben

Zubereitung
Den Backofen auf 180 Grad Ober- und Unterhitze vorheizen. Eine Backform mit etwas Butter einfetten. Es werden zuerst die Zutaten für den Kuchenteig benötigt.

Eier, Butter und Zucker in den Mixtopf geben. Auf Stufe 5/ 30 Sekunden schaumig rühren. Nun die übrigen Zutaten in den Mixtopf geben und auf Stufe 10 / 1 Minute luftig schlagen. Den Teig in die Kuchenform geben und ca. 45 Minuten backen.
Lassen Sie den Kuchen nun erkalten. Jetzt die harten Ränder abschneiden und den Kuchen in einer Schüssel fein zerkrümeln. In den ausgespülten Mixtopf alle Zutaten für das Frosting geben und auf Stufe 2/ 1 Minute schlagen. Den zerkrümelten Teig kneten. Etwa eine walnussgroße Menge Teig nehmen und flach drücken (etwas in der Form, als wenn man Plätzchen mit einer runden Form aussticht). In der Mitte des Teiges einen guten Esslöffel des Frostings geben und alles zu einer Kugel rollen. Die Kugeln für eine Stunde im Kühlschrank stellen. In der Zwischenzeit im Wasserbad die Kuvertüre schmelzen und die Dekor Artikel bereitstellen. Die Kugeln aus dem Kühlschrank nehmen und in jede Kugel ein Holzspieß stecken. Dann jede Kugel in die Kuvertüre tauchen. Die Schokolade kurz etwas fester werden lassen und dann in das gewünschte Dekor tauchen. Vor dem Verzehr noch mindestens eine Stunde im Kühlschrank aushärten lassen.

Walnuss Cake-Pops

Zutaten

Kuchenteig
250 g Butter
180 g Zucker
1 Päckchen Vanillezucker
4 Eier
250 g Mehl
2 gestrichene TL Backpulver
100 g Walnüsse gehackt

Frosting
50 g Frischkäse
20 g weiche Butter
150 g Zucker 20 Sekunden
auf Stufe 10 zu Puderzucker mahlen
2 EL gemahlene Wahlnüsse
Lebensmittelfarbe nach Belieben
Holzspieße

Dekor
Kuvertüre nach Wahl
Streuzucker oder Zuckerdekor
Smarties oder Bonbons
nach Belieben

Zubereitung

Den Backofen auf 180 Grad Ober- und Unterhitze vorheizen. Eine Backform mit etwas Butter einfetten. Es werden zuerst die Zutaten für den Kuchenteig benötigt. Eier, Butter und Zucker in den Mixtopf geben. Auf Stufe 5/ 30 Sekunden schaumig rühren. Nun die übrigen Zutaten in den Mixtopf geben und auf Stufe 10 / 1 Minute luftig schlagen. Den Teig in die Kuchenform geben und ca. 45 Minuten backen.

Lassen Sie den Kuchen nun erkalten. Jetzt die harten Ränder abschneiden und den Kuchen in einer Schüssel fein zerkrümeln. In den ausgespülten Mixtopf alle Zutaten für das Frosting geben und auf Stufe 2/ 1 Minute schlagen. Den zerkrümelten Teig kneten. Etwa eine walnussgroße Menge Teig nehmen und flach drücken (etwas in der Form, als wenn man Plätzchen mit einer runden Form aussticht). In der Mitte des Teiges einen guten Esslöffel des Frostings geben und alles zu einer Kugel rollen. Die Kugeln für eine Stunde im Kühlschrank stellen. In der Zwischenzeit im Wasserbad die Kuvertüre schmelzen und die Dekor Artikel bereitstellen. Die Kugeln aus dem Kühlschrank nehmen und in jede Kugel ein Holzspieß stecken. Dann jede Kugel in die Kuvertüre tauchen. Die Schokolade kurz etwas fester werden lassen und dann in das gewünschte Dekor tauchen. Vor dem Verzehr noch mindestens eine Stunde im Kühlschrank aushärten lassen.

Erdbeer Cake-Pops

Zutaten

Kuchenteig
250 g Butter
180 g Zucker
1 Päckchen Vanillezucker
4 Eier
250 g Mehl
2 gestrichene TL Backpulver
40 g Erdbeermilchpulver
20 g Sahne

Frosting
50 g Frischkäse
20 g weiche Butter
150 g Zucker 20 Sekunden
auf Stufe 10 zu Puderzucker mahlen
20 g Erdbeermilchpulver
Lebensmittelfarbe nach Belieben
Holzspieße

Dekor
Kuvertüre nach Wahl
Streuzucker oder Zuckerdekor
Smarties oder Bonbons
nach Belieben

Zubereitung

Den Backofen auf 180 Grad Ober- und Unterhitze vorheizen. Eine Backform mit etwas Butter einfetten. Es werden zuerst die Zutaten für den Kuchenteig benötigt. Eier, Butter und Zucker in den Mixtopf geben. Auf Stufe 5/ 30 Sekunden schaumig rühren. Nun die übrigen Zutaten in den Mixtopf geben und auf Stufe 10 / 1 Minute luftig schlagen. Den Teig in die Kuchenform geben und ca. 45 Minuten backen.

Lassen Sie den Kuchen nun erkalten. Jetzt die harten Ränder abschneiden und den Kuchen in einer Schüssel fein zerkrümeln. In den ausgespülten Mixtopf alle Zutaten für das Frosting geben und auf Stufe 2/ 1 Minute schlagen. Den zerkrümelten Teig kneten. Etwa eine walnussgroße Menge Teig nehmen und flach drücken (etwas in der Form, als wenn man Plätzchen mit einer runden Form aussticht). In der Mitte des Teiges einen guten Esslöffel des Frostings geben und alles zu einer Kugel rollen. Die Kugeln für eine Stunde im Kühlschrank stellen. In der Zwischenzeit im Wasserbad die Kuvertüre schmelzen und die Dekor Artikel bereitstellen. Die Kugeln aus dem Kühlschrank nehmen und in jede Kugel ein Holzspieß stecken. Dann jede Kugel in die Kuvertüre tauchen. Die Schokolade kurz etwas fester werden lassen und dann in das gewünschte Dekor tauchen. Vor dem Verzehr noch mindestens eine Stunde im Kühlschrank aushärten lassen.

Bananen Cake-Pops

Zutaten

Kuchenteig
250 g Butter
180 g Zucker
1 Päckchen Vanillezucker
4 Eier
250 g Mehl
2 gestrichene TL Backpulver
20 g Sahne
40 g Bananenmilchpulver

Frosting
50 g Frischkäse
20 g weiche Butter
150 g Zucker 20 Sekunden
auf Stufe 10 zu Puderzucker mahlen
20 g Bananenmilchpulver
Lebensmittelfarbe nach Belieben
Holzspieße

Dekor
Kuvertüre nach Wahl
Streuzucker oder Zuckerdekor
Smarties oder Bonbons
nach Belieben

Zubereitung

Den Backofen auf 180 Grad Ober- und Unterhitze vorheizen. Eine Backform mit etwas Butter einfetten. Es werden zuerst die Zutaten für den Kuchenteig benötigt. Eier, Butter und Zucker in den Mixtopf geben. Auf Stufe 5/ 30 Sekunden schaumig rühren. Nun die übrigen Zutaten in den Mixtopf geben und auf Stufe 10 / 1 Minute luftig schlagen. Den Teig in die Kuchenform geben und ca. 45 Minuten backen.

Lassen Sie den Kuchen nun erkalten. Jetzt die harten Ränder abschneiden und den Kuchen in einer Schüssel fein zerkrümeln. In den ausgespülten Mixtopf alle Zutaten für das Frosting geben und auf Stufe 2/ 1 Minute schlagen. Den zerkrümelten Teig kneten. Etwa eine walnussgroße Menge Teig nehmen und flach drücken (etwas in der Form, als wenn man Plätzchen mit einer runden Form aussticht). In der Mitte des Teiges einen guten Esslöffel des Frostings geben und alles zu einer Kugel rollen. Die Kugeln für eine Stunde im Kühlschrank stellen. In der Zwischenzeit im Wasserbad die Kuvertüre schmelzen und die Dekor Artikel bereitstellen. Die Kugeln aus dem Kühlschrank nehmen und in jede Kugel ein Holzspieß stecken. Dann jede Kugel in die Kuvertüre tauchen. Die Schokolade kurz etwas fester werden lassen und dann in das gewünschte Dekor tauchen. Vor dem Verzehr noch mindestens eine Stunde im Kühlschrank aushärten lassen.

Erdnussbutter Cake-Pops

Zutaten

Kuchenteig
100 g Butter
150 g Erdnussbutter
180 g Zucker
1 Päckchen Vanillezucker
4 Eier
250 g Mehl
2 gestrichene TL Backpulver

Frosting
50 g Frischkäse
150 g Zucker 20 Sekunden
auf Stufe 10 zu Puderzucker mahlen
30 g Erdnussbutter
Lebensmittelfarbe nach Belieben
Holzspieße

Dekor
Kuvertüre nach Wahl
Streuzucker oder Zuckerdekor
Smarties oder Bonbons
nach Belieben

Zubereitung
Den Backofen auf 180 Grad Ober- und Unterhitze vorheizen. Eine Backform mit etwas Butter einfetten. Es werden zuerst die Zutaten für den Kuchenteig benötigt.

Eier, Butter und Zucker in den Mixtopf geben. Auf Stufe 5/ 30 Sekunden schaumig rühren. Nun die übrigen Zutaten in den Mixtopf geben und auf Stufe 10 / 1 Minute luftig schlagen. Den Teig in die Kuchenform geben und ca. 45 Minuten backen.
Lassen Sie den Kuchen nun erkalten. Jetzt die harten Ränder abschneiden und den Kuchen in einer Schüssel fein zerkrümeln. In den ausgespülten Mixtopf alle Zutaten für das Frosting geben und auf Stufe 2/ 1 Minute schlagen. Den zerkrümelten Teig kneten. Etwa eine walnussgroße Menge Teig nehmen und flach drücken (etwas in der Form, als wenn man Plätzchen mit einer runden Form aussticht). In der Mitte des Teiges einen guten Esslöffel des Frostings geben und alles zu einer Kugel rollen. Die Kugeln für eine Stunde im Kühlschrank stellen. In der Zwischenzeit im Wasserbad die Kuvertüre schmelzen und die Dekor Artikel bereitstellen. Die Kugeln aus dem Kühlschrank nehmen und in jede Kugel ein Holzspieß stecken. Dann jede Kugel in die Kuvertüre tauchen. Die Schokolade kurz etwas fester werden lassen und dann in das gewünschte Dekor tauchen. Vor dem Verzehr noch mindestens eine Stunde im Kühlschrank aushärten lassen.

Pistazien Cake-Pops

Zutaten

Kuchenteig
250 g Butter
180 g Zucker
1 Päckchen Vanillezucker
4 Eier
250 g Mehl
2 gestrichene TL Backpulver
100g Pistazien gehackt

Frosting
50 g Frischkäse
20 g weiche Butter
150 g Zucker 20 Sekunden
auf Stufe 10 zu Puderzucker mahlen
2 EL gehackte Pistazien
Lebensmittelfarbe nach Belieben
Holzspieße

Dekor
Kuvertüre nach Wahl
Streuzucker oder Zuckerdekor
Smarties oder Bonbons
nach Belieben

Zubereitung
Den Backofen auf 180 Grad Ober- und Unterhitze vorheizen. Eine Backform mit etwas Butter einfetten. Es werden zuerst die Zutaten für den Kuchenteig benötigt.

Eier, Butter und Zucker in den Mixtopf geben. Auf Stufe 5/ 30 Sekunden schaumig rühren. Nun die übrigen Zutaten in den Mixtopf geben und auf Stufe 10 / 1 Minute luftig schlagen. Den Teig in die Kuchenform geben und ca. 45 Minuten backen.
Lassen Sie den Kuchen nun erkalten. Jetzt die harten Ränder abschneiden und den Kuchen in einer Schüssel fein zerkrümeln. In den ausgespülten Mixtopf alle Zutaten für das Frosting geben und auf Stufe 2/ 1 Minute schlagen. Den zerkrümelten Teig kneten. Etwa eine walnussgroße Menge Teig nehmen und flach drücken (etwas in der Form, als wenn man Plätzchen mit einer runden Form aussticht). In der Mitte des Teiges einen guten Esslöffel des Frostings geben und alles zu einer Kugel rollen. Die Kugeln für eine Stunde im Kühlschrank stellen. In der Zwischenzeit im Wasserbad die Kuvertüre schmelzen und die Dekor Artikel bereitstellen. Die Kugeln aus dem Kühlschrank nehmen und in jede Kugel ein Holzspieß stecken. Dann jede Kugel in die Kuvertüre tauchen. Die Schokolade kurz etwas fester werden lassen und dann in das gewünschte Dekor tauchen. Vor dem Verzehr noch mindestens eine Stunde im Kühlschrank aushärten lassen.

Nachtrag zum Impressum
Copyright / Bilder / Quellen

Everystockphoto.com

- kissyface
- earl 53
- freakapotumus
- bemom
- bloggyboulga
- sxu license
- Daniel Morrison
- Super Fantstic
- Nowichnuts
- Slgckgc
- A Forest Frolic
- Bhutros laco
- Jencu
- Eyeliam
- Jamierabbits
- squeezomatic

Pixelio.de
- Woyzeck

Fotolia com
- quipu
- Picture Factory
- A. Lein
- Michael Tewes
- HL Photo

Herstellung und Verlag:
BoD - Books on Demand, Norderstedt
ISBN 978-3-4600-0055-8